Éditions Usborne

Mes premières expériences

Anne Civardi

Rédaction : Michelle Bates
Illustrations : Stephen Cartwright
Maquette de la couverture : Neil Francis
Traduction : Lorraine Beurton-Sharp

Sommaire :

Il y a un petit canard jaune sur chaque double page. Cherche-le.

La rentrée

Voici la famille Poirier.

madame Poirier

monsieur Poirier

Lisa Poirier

Ping, le chaton

Simon Poirier

Pim, le hamster

Pong, l'autre chaton

Poupette, la chatte

Lisa et Simon sont jumeaux. Demain, ils iront à l'école pour la première fois.

Les Poirier vivent dans un appartement.

Ils habitent au-dessus de la famille Péron. Juliette Péron va à la même école que les jumeaux.

Monsieur et madame Poirier réveillent Simon et Lisa.

Il est 8 heures, ils doivent se préparer pour l'école. Simon
et Lisa se lèvent et s'habillent.

Ils prennent le petit-déjeuner.

Ensuite, les jumeaux mettent leurs chaussures et leur manteau.

Juliette est prête à partir avec eux.

Tout le monde arrive à l'école.

Au début, Lisa est intimidée. Madame Tudy, la maîtresse, autorise sa maman à rester un peu avec elle.

Monsieur Poirier accroche le manteau de Simon à son portemanteau.

Il doit ramener Pim, le hamster de Simon, à la maison.

Simon et Lisa vont dans leur classe.

Il y a beaucoup de choses à faire à l'école : peindre, dessiner, lire des livres et se déguiser.

Des enfants font des découpages, d'autres font de la pâte à modeler. Que font Simon et Lisa ?

C'est amusant de faire des découpages.

Le maître et l'assistante maternelle les aident à fabriquer des vêtements miniatures suspendus à un fil.

C'est l'heure de chanter.

Mademoiselle Domi, le professeur de musique, leur apprend des chansons et leur montre aussi des instruments de musique.

Maintenant, c'est l'heure du goûter.

À 3 heures, tout le monde a une boisson et un biscuit.

Simon et Lisa ont très soif.

C'est l'heure d'écouter une histoire.

Madame Tudy lit aux enfants l'histoire d'un tigre qui s'appelle
Rayures. Mais que fait Simon ?

Les enfants vont jouer dehors.

Il y a plein de choses pour jouer dehors : des tracteurs et des cerceaux, des bicyclettes et des ballons.

Lisa aime faire du toboggan. Simon préfère jouer dans le sable.
Mais Juliette a trouvé autre chose pour s'amuser !

C'est l'heure de rentrer à la maison.

Simon et Lisa ont passé une bonne journée à l'école, Juliette
aussi. Ils se sont fait beaucoup de nouveaux amis.

Chez le docteur

Voici la famille Ségi.

madame Ségi

monsieur Ségi

Julien Ségi

Justine Ségi

Joseph Ségi

Cachou

Jappy

Ce matin, Justine a mal à la gorge et Julien s'est fait mal au bras. Il faut aller chez le docteur.

Madame Ségi téléphone au docteur.

Elle prend un rendez-vous. Monsieur Ségi aide Julien à
s'habiller. « Aïe ! crie Julien. Attention à mon bras ! »

Les Ségi arrivent chez le docteur.

Madame Ségi emmène les enfants voir le docteur Dubois.

« Nous avons rendez-vous à 14 heures », dit-elle à la secrétaire.

La secrétaire vérifie sur l'agenda.

« Oui. C'est bien pour Julien et Justine ? » dit-elle. « Et pour Joseph aussi, ajoute madame Ségi. Il doit être vacciné. »

Les Ségi s'assoient dans la salle d'attente.

D'autres personnes attendent aussi de voir le docteur.

Madame Ségi lit un livre à Justine. Julien et Joseph jouent.

C'est au tour des Ségi.

Le docteur Dubois les appelle. « Par lequel je commence ? »
dit-elle. « Moi », répond Julien en lui montrant son bras.

Le docteur examine Julien.

Elle regarde le bras douloureux. « Il n'est pas cassé, dit-elle,
mais tu as une entorse au poignet, Julien. »

Le docteur met le bras de Julien dans une écharpe.

« Garde-le comme cela quelques jours, recommande-t-elle,
et bientôt tu iras mieux. »

Le docteur examine Justine.

Elle lui prend sa température avec un thermomètre.

Puis elle regarde sa gorge. « C'est très rouge », dit-elle.

Ensuite, elle regarde ses oreilles avec un otoscope.

« Tes oreilles sont normales », constate-t-elle.

Le docteur écoute la respiration de Justine avec un stéthoscope. « Inspire et expire profondément », lui dit-elle.

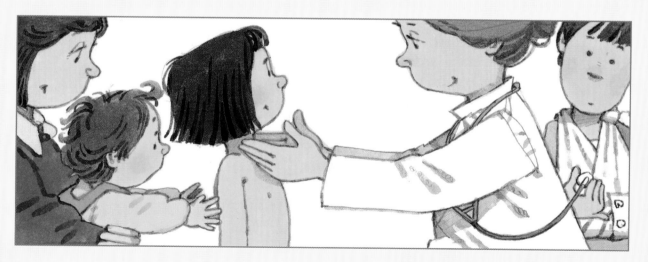

Elle palpe le cou de Justine pour voir si les ganglions sont enflés. « Tu as une petite angine », conclut-elle.

Justine a besoin de médicaments.

Le docteur Dubois prépare une ordonnance à l'ordinateur.

Puis elle s'assied à son bureau pour la signer.

Maintenant, c'est au tour de Joseph.

Le docteur lui fait son vaccin. Cela ne fait presque pas mal.

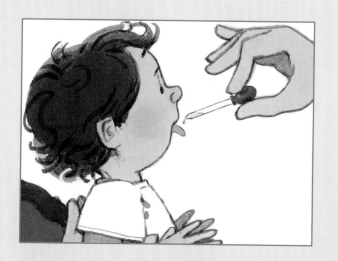

Elle lui donne aussi un vaccin en gouttes, pour qu'il n'attrape pas la polio. « C'est fini ! Au revoir ! »

Les Ségi vont acheter les médicaments.

Madame Ségi s'arrête à la pharmacie. Elle donne l'ordonnance au pharmacien pour qu'il lui donne les médicaments.

En rentrant, Justine va au lit.

À la maison, madame Ségi met Justine au lit et lui donne une cuillerée de sirop. « Bientôt tu iras mieux. »

Le soir, monsieur Ségi rentre de son travail.

« Bonsoir tout le monde ! dit-il. Comment ça va ? » Julien se
précipite. « Joseph va très bien et Justine est au lit, répond-il.
Mais regarde mon bras ! »

On déménage

Voici la famille Lajoie.

monsieur Lajoie

madame Lajoie

Quentin Lajoie

Poune

Clémence Lajoie

Bidule

Quentin a sept ans et Clémence cinq ans. Ils vont bientôt déménager.

Voici l'ancienne maison des Lajoie.

Ils l'ont vendue à monsieur et madame Belamy. Aujourd'hui, les Belamy viennent pour mesurer les pièces.

Les Lajoie visitent leur nouvelle maison.

Ils font repeindre la maison avant d'emménager.

Monsieur Lajoie discute avec ses nouveaux voisins.

Deux messieurs viennent poser de la moquette neuve dans plusieurs pièces.

Les Lajoie emballent leurs affaires.

Il leur faut plusieurs jours pour tout trier. C'est fatigant de faire les cartons.

Quentin s'occupe d'empaqueter ses affaires, mais Clémence a plutôt envie de jouer.

Les Lajoie déménagent.

Très tôt le matin, un gros camion de déménagement arrive pour charger les meubles et les cartons.

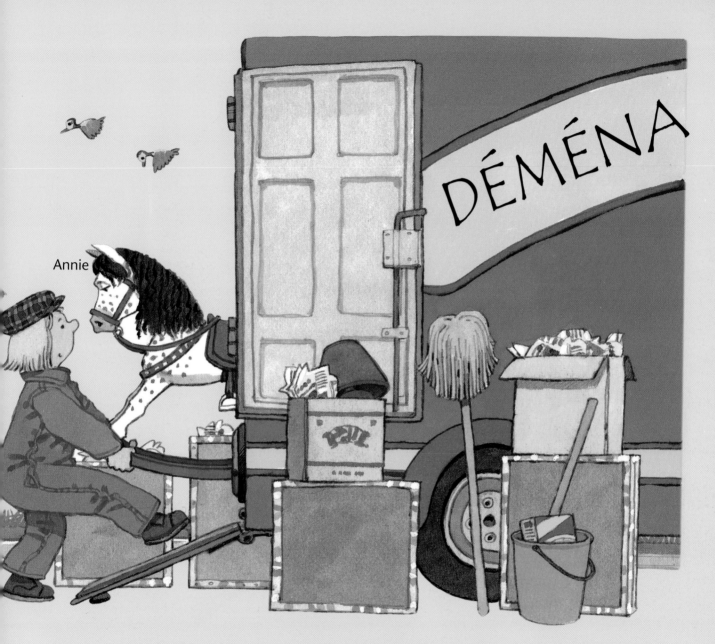

Annie

DÉMÉNA

Alex, le chauffeur, et Frank et Annie, qui l'aident, chargent tout dans le gros camion. Puis ils partent à la nouvelle maison.

41

Tout le monde aide à décharger le camion.

Arrivé à la nouvelle maison, Alex montre son camion à Quentin et Clémence. Puis tout le monde commence à décharger.

Ils posent tout à l'intérieur.

Les déménageurs portent tous les meubles lourds. Madame Lajoie leur montre dans quelles pièces il faut les mettre.

Voici la nouvelle chambre de Clémence.

Clémence est tout excitée d'avoir une nouvelle chambre.

Son papa pose les rideaux.

Quentin a aussi sa chambre.

Maintenant Quentin n'a plus besoin de partager une chambre
avec Clémence. Sa maman l'aide à déballer ses affaires.

Les Lajoie font la connaissance de leurs voisins.

Dans l'après-midi, les Lajoie font un tour dans la rue.

Ils rencontrent beaucoup de monde.

Mme Bon

Clémence et Quentin trouveront de nouveaux amis avec qui jouer. Madame Bon, la voisine, a fait un gâteau au chocolat.

Tout le monde va se coucher.

Monsieur et madame Lajoie, Clémence et Quentin sont très fatigués après ce déménagement. Ils s'endorment très vite dans leur nouvelle maison.

Le nouveau bébé

Voici la famille Poupon.

madame
Poupon

monsieur
Poupon

Lucie
Poupon

Idole

Pierre
Poupon

Bertie

Lucie a cinq ans et Pierre trois ans. Madame Poupon va bientôt avoir un bébé.

Mamie et Grand-père viennent chez eux.

Ils vont s'occuper de Lucie et Pierre quand madame Poupon sera à la maternité. Lucie et Pierre sont contents de les voir.

Les Poupon préparent l'arrivée du bébé.

Il y a beaucoup à faire avant la naissance du bébé. Monsieur et madame Poupon décorent sa chambre.

Lucie et Pierre aident aussi. Madame Poupon repeint le petit lit. Lucie lave sa poupée dans la baignoire du bébé.

Madame Poupon sent que le bébé arrive.

Dans la nuit, madame Poupon se réveille. Elle pense que le bébé
va bientôt naître.

Tout le monde est réveillé.

Monsieur Poupon se prépare à l'emmener. Grand-père
téléphone pour prévenir la maternité de leur arrivée.

Le bébé est né.

C'est une fille. Monsieur et madame Poupon sont très heureux. Ils l'ont appelée Alice.

L'infirmière pèse Alice et la mesure pour connaître son poids et sa taille de naissance.

Alice est emmaillotée pour ne pas prendre froid. Elle porte un bracelet avec son nom pour qu'on la reconnaisse des autres bébés.

Dès son retour, le papa de Lucie et Pierre leur annonce la naissance de leur petite sœur. Ils sont impatients de la voir.

Ils rendent visite à Alice.

Le lendemain, monsieur Poupon emmène Lucie et Pierre à la maternité. Ils sont tout excités de voir leur maman et le bébé.

Madame Poupon est dans une chambre avec deux autres
mamans et leurs bébés. Une des mamans a des jumeaux.

Madame Poupon rentre à la maison avec Alice.

Quelques jours plus tard, monsieur Poupon les ramène de la maternité. Tout le monde est impatient de tenir le bébé.

Alice va se coucher.

Alice a toujours sommeil. Madame Poupon aussi est fatiguée.
Lucie, Pierre et monsieur Poupon doivent beaucoup l'aider.

Madame Poupon nourrit Alice.

Quand Alice a faim, elle boit du lait au sein de sa maman.
Elle doit téter plusieurs fois par jour.

Alice prend un bain.

C'est l'heure de donner le bain à Alice. Monsieur Poupon fait bien attention. Lucie l'aide à laver et à essuyer sa petite sœur.

Les Poupon vont se promener.

Monsieur et madame Poupon, Lucie et Pierre vont promener
Alice. Tout le monde est très heureux d'avoir un nouveau bébé.